AF378126

ANTHONY BOUCHERIE

L'ART DE FABRIQUER DU WHISKY ET DE LE CONVERTIR EN GIN

CONTENUS

PRÉFACE.

La boisson la plus courante aux États-Unis est le whisky; les autres liqueurs spiritueuses, comme l'eau-de-vie de pêche et de pomme, ne sont que secondaires, et de par leur prix élevé et leur rareté, elles ne suffisent pas aux besoins d'une population déjà immense et croissante. Quant au vin, malgré tous les efforts et les essais répétés faits pour propager la vigne, il n'y a pas encore d'espoir qu'il devienne à terme la boisson principale des Américains.

Orienter nos recherches vers les moyens d'amener l'art de faire du whisky à une plus grande perfection, c'est donc contribuer au bien-être des États-Unis, et même à la santé des Américains, et à la prospérité du distillateur, comme je prouvera dans la suite.

Les arts et les sciences ont fait de grands progrès; mon but est de diffuser une nouvelle lumière sur tout ce qui se rapporte à la formation des liqueurs spiritueuses qui peuvent être obtenues à partir de céréales. La plupart des arts et des métiers sont pratiqués sans principes, peut-être par manque de moyens d'information. Au profit des distillateurs de whisky, je vais collecter et leur offrir les moyens d'obtenir à partir d'une quantité donnée de grain, la plus grande quantité possible de spiritueux, plus pur et moins cher que par les méthodes habituelles. Je procéderai ensuite à indiquer les méthodes de conversion du whisky en gin, selon le procédé des Holland Distillers, sans en augmenter le prix.

Si les principes développés ci-après sont suivis, le métier de distillateur acquerra de grands avantages, qui étendront leur influence sur l'agriculture, et par conséquent sur le commerce en général.

CHAPITRE I: DES LIQUIDES SPIRITUELS OU DES ESPRITS.

Les liqueurs spirituelles sont le produit de liqueurs vineuses, obtenues par distillation de ces dernières. L'art de faire du vin est de l'antiquité la plus reculée, puisqu'il est attribué à Noé; mais celui de le distiller, pour en extraire sa partie la plus spirituelle, ne date que de l'an 1300. Arnand de Villeneuve en fut l'inventeur, et le produit de son Alambic parut si merveilleux, qu'il fut nommé Aqua-Vitæ, ou *Eau de Vie* , et depuis lors sous cette dénomination en France; Voltaire et la raison disent qu'elle pourrait, avec beaucoup plus de convenance, s'appeler *Aqua-Mortis* , ou Eau de la mort.

Cette liqueur, appelée en anglais *Brandy* , reçut du savant le nom de *Spirit of Wine* ; le temps a amélioré l'art de le rendre encore plus fort par concentration, et dans cet état on l'appelle *Alcool* .

Tout esprit est le résultat distillé d'un vin, soit de raisins, soit d'autres fruits, soit de céréales; il faut donc avoir soit du vin, soit une liqueur vineuse pour obtenir des spiritueux.

CHAPITRE II:DE LA FORMATION DE LIQUEURS VINOUS AVEC CÉRÉALES, POUR FAIRE DES SPIRITUEUX.

L' art d'extraire le vin du jus du raisin, n'étant pas l'objet de ce livre, je me limiterai à ce qui est nécessaire et utile aux distillateurs de whisky; c'est donc de la liqueur vineuse extraite des grains, que je vais parler.

La formation de ce genre de liqueur est fondée sur une faculté propre aux grains, que le savant chimiste Fourcroy a appelé la *fermentation saccharine* . Le sucre lui-même n'existe pas dans les substances graminées; ils ne contiennent que ses éléments, ou principes premiers, qui le produisent. La fermentation de la saccharine transforme ces éléments en sucre, ou au moins en une matière de saccharine; et quand ceci est développé, il donne le principe éminent de la fermentation, sans lequel il n'y a pas de vin, et par conséquent pas d'alcool.

Les céréales donnent deux sortes de liqueurs vineuses, dont le distillateur fait de l'alcool, et le brasseur une sorte de vin, appelé *bière* . A partir d'une comparaison des procédés employés pour obtenir ces deux résultats, on constate que l'art du brasseur a atteint un degré de perfection supérieur à celui du distillateur. Ils ont tous deux pour objet d'obtenir une liqueur vineuse; mais celui du brasseur est, en réalité, une sorte de vin auquel il donne, à volonté, différents degrés de force; tandis que celle du distillateur est à peine vineuse et ne peut être enrichie. Je vais exposer succinctement leurs deux processus afin de pouvoir les comparer.

DE L'ART DE BRASSER.

L'art du brassage consiste:

Premièrement: Dans la germination d'une proportion de grain, principalement d'orge. Cette opération transforme en une matière saccharine, les éléments de cette même substance existant déjà dans les grains.

Deuxièmement: En préparant le *moût* . Pour cette opération, le grain, préalablement broyé, est mis dans une cuve à moitié remplie d'eau; le reste est rempli à trois moments différents avec de l'eau chaude, le premier à 100 °, le second à 150 ° et le troisième à 212 °, qui est de l'eau bouillante. Le mélange est fortement agité à chaque fois qu'il est immergé. Par cette infusion, l'eau s'empare des principes sucrés contenus dans le grain.

Troisièmement: Le moût ainsi préparé, la liqueur est filtrée, afin de la séparer du grain, puis bouillie jusqu'à réduction de moitié, afin de la concentrer au degré de résistance souhaité. Dans cet état, 40 gallons de moût contiennent les principes de saccharine de 200 wt. de grain.

Quatrièmement: Le moût, ainsi concentré, est soutiré en fûts, qui sont maintenus à une température de 80 ° ou 85 °. La levure y est jetée pour établir la fermentation, et en peu de temps on fait de la bière, plus ou moins forte, selon le degré de concentration, et plus ou moins amère, selon la proportion plus ou moins grande de houblon qu'on y met. .

Telles sont, dans une vue concise, les travaux du brasseur. Passons à ceux du distillateur de whisky.

DU DISTILLER DE WHISKY.

Le whisky est fabriqué avec du seigle, de l'orge ou du maïs indien. Une ou toutes ces sortes de céréales sont utilisées, car elles sont plus ou moins abondantes dans le pays. Je ne sais pas dans quelle mesure ils sont mélangés au Kentucky; mais le maïs indien est ici en général la base du whisky, et le plus souvent employé seul.

J'ai constaté, dans les différentes distilleries que j'ai visitées aux États-Unis:

Premièrement: Qu'en général, le grain n'est pas germé. J'ai cependant vu des distillateurs qui mettaient 10 livres. de malt dans un bœuf de fermentation contenant 100 gallons, ce qui le réduit à presque rien.

deuxièmement, qu'ils mettent deux boisseaux de grains moulus dans un bœuf de fermentation contenant 100 gallons, rempli d'eau.

Troisièmement, ils ont eu un ferment pour déterminer la fermentation, qui, une fois terminée, donne deux gallons de whisky par boisseau de grain, et parfois dix litres, mais très rarement. Je ne sais pas si ces résultats sont exacts; mais, à supposer qu'il en soit ainsi, ils doivent être sujets à de grandes variations, suivant la qualité du grain, la saison, le degré de chaleur, de l'atmosphère et la manière de conduire la fermentation. D'après mon analyse des différentes sortes de céréales, je sais que le maïs indien doit produire le plus d'alcool.

Des proportions ci-dessus, il résulte que 100 gallons de la liqueur vineuse des distillateurs ne donnent que 4 gallons de whisky, et très rarement 5; c'est-à-dire du 25 au 20. Il est facile de concevoir à quel point un mélange doit être faible, 25 parties d'eau pour une de whisky; ainsi le produit de la première distillation n'est qu'à 11 ° ou 12 ° par l'aréomètre, l'eau étant à 10 °. Ce n'est que par plusieurs distillations ultérieures que la concentration nécessaire est obtenue pour faire du whisky vendable. Ces opérations répétées s'accompagnent d'une augmentation des dépenses de carburant, de main-d'œuvre et de temps.

Telles sont les méthodes habituelles des distillateurs de whisky. Avant de les comparer avec ceux du brasseur, examinons la nature de la fermentation, et quels sont les éléments les plus propres pour former une bonne liqueur vineuse: de là nous jugerons avec certitude de ces deux modes de fonctionnement.

CHAPITRE III:DE FERMENTATION.

« La fermentation est un mouvement spontané et intestinal, qui se déroule parmi les principes de la substance organique privée de vie, dont le maximum tend toujours à changer la nature des corps, et donne lieu à la formation de nouvelles productions.

Bouillon la Grange. - Manuel d'un cours de chimie.

La fermentation a depuis longtemps été divisée en *spiritueux* , *acide* et *putride* .

Ce n'est que depuis le renouveau ou la nouvelle époque de la chimie que les savants se sont occupés des recherches sur la fermentation. J'ai été le premier à donner un nouvel indice sur cette partie importante de la philosophie naturelle, en 1785. On a alors tenu pour certain que la substance saccharine était le principe de la fermentation spiritueuse. Une série d'expériences m'a permis de démontrer le contraire, car j'obtenais un sucre bien cristallisé par la fermentation d'une substance qui n'en produit aucun par aucun autre moyen.

En septembre 1785, j'ai lu un mémoire à l'Académie des Sciences, à Paris. Dans ce mémoire, j'ai développé ma théorie. Ce savant corps a nommé quatre commissaires, dans le but d'examiner mes opérations, et a sanctionné ma découverte par un rapport, il fut reconnu que j'avais découvert une nouvelle vérité et ordonné l'insertion de mes mémoires dans la collection de ceux des Associés étrangers. J'ai attribué le principe de la fermentation spirituelle à la substance mucilagineuse. Cela a été démontré depuis, en observant attentivement qu'elle commence toujours par un mouvement de fermentation acide, qui est produit par la substance mucilagineuse. Les chimistes européens ont depuis raisonné sur la fermentation; chacun d'eux a produit un nouveau système; aucun n'a pu le présenter à une manifestation régulière; et le savant Gay Lussac a dit que la fermentation est une des opérations les plus mystérieuses de la chimie. Quoi qu'il en soit, il y a des faits qui se vérifient: essayons de les enquêter, afin d'en tirer toutes les informations qui nous sont nécessaires.

Il est incontestable que les spiritueux sont produits par la substance saccharine. Les céréales, cependant, la fournissent, bien qu'elles ne soient pas sensiblement sucrées. Cela m'a fait soupçonner que la fermentation est d'abord de la saccharine, qui produit la substance sucrée nécessaire à la formation de l'esprit. C'est ainsi que, par une série de mouvements internes, la fermentation fait précéder la formation de l'esprit d'une légère production d'acide; qu'il transforme la liqueur vineuse en vinaigre, que la même fermentation change avec le temps en une substance animale, détruite à son tour par la fermentation putride. Tels sont les changements progressifs opérés par ce phénomène tout-désorganisant, et la marche infaillible de la nature pour ramener toutes les substances à leurs éléments respectifs.

Les conditions nécessaires à la formation de la fermentation vineuse sont:

- 1er. La présence de la substance saccharine.
- 2dly. Celle d'une substance végéto-animale, communément appelée ferment, soluble dans l'eau.

- 3ème. Une certaine quantité d'eau.
- 4ème. Une température de 70 ° à 75 °.
- 5ème. Une masse suffisante.

Lorsque ceux-ci sont obtenus, en peu de temps la liqueur devient trouble; il bouillonne, du dégagement du gaz carbonique, et la chaleur augmente considérablement. Après quelques jours, ces mouvements impétueux s'apaisent; la fermentation s'arrête par degrés; la liqueur s'éclaircit; puis il émet une odeur et un goût vineux. Dès qu'il ne fermente plus, il faut le distiller. Cependant, certains distillateurs ont affirmé qu'une plus grande quantité de spiritueux est obtenue lorsque la liqueur a acquis un certain degré d'acidité. D'autres sont d'avis qu'il doit être distillé dès qu'il est calme. Je suis de cet avis, car l'acide ne peut se former qu'aux dépens d'un peu d'alcool, qui est un des principes de l'acide acéteux. En outre, plus la liqueur reste en masse longtemps, plus l'alcool est gaspillé par évap

CHAPITRE IV: DES PROPORTIONS DES ÉLÉMENTS NÉCESSAIRES POUR FORMER UNE BONNE LIQUEUR VI-NOUS.

Quelles sont les proportions des éléments nécessaires pour former une bonne liqueur vineuse?

Nous devons la connaissance importante de ces proportions au célèbre et malheureux Lavoisier, qui a prouvé, par les expériences les plus précises, qu'il doit y avoir

100   parties de substance sucrée sèche ou de sucre

400   parties d'eau

Dix   parties de ferment, ou levure liquide, qui est réduite

————   à 8 7-10èmes de matière sèche.

510 parties au total, qui produisent 57 parties d'alcool sec; c'est-à-dire ne contenant pas plus d'eau qu'il n'en faut à sa formation, et par conséquent aussi fort que possible. Arrêtons-nous un instant sur les proportions que je viens d'indiquer, et surtout sur leur résultat, qui dépasse tout ce qui a jamais été obtenu. En supposant que le poids de chacune de ces pièces soit d'une livre, nous aurons

100   Kg.   de substance sucrée sèche ou de sucre

400   faire.   de l'eau

dix   faire.   de ferment liquide

————

510	livres sterling	dans l'ensemble.		
		de sucre est la quantité né-cessaire pour faire 12½ gal-		
100	Kg.	lons de sirop, composé de 8lbs. de sucre et 8lbs. d'eau par gallon,	12½	galles.
400	Kg.	d'eau, à 8lbs. par gall. faire	50	"

Le produit sera de 57 livres. d'alcool sec.

Un récipient contenant une once d'eau, rempli de cet alcool, ne pèse que 16dwts. et 16grs. De ce rapport, il apparaît que le poids spécifique de l'alcool est, par rapport au poids de l'eau, de 20 à 24; c'est-à-dire que l'eau pèse 1/5 de plus que l'alcool. Si le 57lbs. ainsi obtenu n'étaient que de l'eau, cela ne représenterait que 7-1 / 8 * gallons; mais étant de l'alcool, il pèse 1/6 * moins, et par conséquent donne 7-1 / 8 gallons de plus, le sixième de cette quantité, (à savoir :) 1-1 / 6 * gallons, qui, ajouté à 7-1 / 8 *, faites 8-7 / 24 gallons.

Mais 1 gallon d'alcool sec, étendu dans 2 gallons d'eau, donne 3 gallons d'alcool à 19 °, qui s'appelle Hollande, ou première preuve; un produit surpassant tout ce qui était jusqu'ici connu des distillateurs. Je vais le prouver par un exemple: 1 gallon de mélasse ne donne qu'un gallon de rhum, à 19 °, au distillateur de rhum; encore, la mélasse est un vrai sirop, composé de 8lbs. de sucre, ou de matière sucrée, plus fermentescible que le sucre. 12½ gallons de mélasse, représentant 100lbs. de matière douce sèche donne par conséquent 12½ gallons. de rhum, preuve de Hollande, qui n'est que la moitié du produit obtenu par Lavoisier; une immense différence capable d'exciter l'émulation de tous les distillateurs, car elle prouve l'imperfection de l'art.

Quelles sont les causes d'une telle dissemblance de produit? Nous devons les chercher.

1) A la différence de la force de la liqueur vineuse. Lavoisier n'employait que 4 parties d'eau pour 1 partie de sucre sec. Le distillateur de rhum met généralement 10 gallons de mélasse pour 90 gallons d'eau, ou le résidu des distillations précédentes.

10 galles. la mélasse contient

80 livres de matière douce.

90 gallons d'eau pèsent 720 lb; donc la proportion est, une partie de matière douce pour 9 parties d'eau - tandis que celle indiquée par Lavoisier n'est que de 4 parties d'eau pour 1 partie de sucre.[1]

Il est évident combien ce dernier doit être plus riche, et que la fermentation ainsi produite a une énergie bien loin supérieur à l'autre. De là résulte une production rapide de l'esprit, opérée en peu de temps; tandis que celui du distil-

____

[1] Certains distillateurs de rhum produisent une liqueur vineuse plus forte, mais elle est encore très loin des proportions de Lavoisier. D'autres ajoutent successivement de nouvelles mélasses à leur liqueur vineuse, et prolongent ainsi leur fermentation, sans rendre leur liqueur plus forte, et par conséquent sans obtenir plus d'alcool. Ceci est absolument contraire aux vrais principes de la distillation.

lateur de rhum languit plus ou moins, et qu'une lente fermentation gaspille une partie de l'esprit qu'il produit, en même temps qu'il se forme.

2). Les corps s'évaporent proportionnellement à l'étendue de leur surface. Un bœuf de 100 gallons, doit contenir, selon la composition de Lavoisier, les éléments de 50 gallons d'alcool, à 19 °; tandis que celui du distillateur de rhum n'en contient que 12. Or, comme toute liqueur fermentescible nécessite des récipients ouverts, la tête du distillateur de rhum perd autant d'alcool que celle de Lavoisier: d'où il est clair dans quelle mesure la proportion ci-dessus agit au détriment de la fermer.

3) Une autre source de perte provient des cuves de distillation elles-mêmes. Rien n'est plus imparfait que les alambics d'une distillerie de whisky. Ceux de Lavoisier étaient si parfaits, qu'il en faisait l'analyse et la synthèse dans les opérations les plus délicates.[2] Les récipients des distillateurs de whisky, loin d'être hermétiquement fermés, permettent à l'esprit de s'évaporer à travers chaque joint. Et ce n'est pas tout: corrodées par l'acide acéteux, elles sont pleines de petits trous, notamment dans le bouchon, où toutes les vapeurs se rassemblent, comme dans un réservoir. Il est facile de concevoir avec quelle rapidité ils s'échappent, ce qui occasionne un gaspillage considérable d'alcool. Pour preuve de la véracité de cette observation, nous pouvons nous référer à l'odeur du whisky, si fortement perceptible sur les routes menant à une distillerie, et ne précédant d'aucune autre cause que cette liqueur

---

[2] Voyez son opération embellie sur la décomposition de l'eau.

22

gaspillée de mauvais récipients, à la grande perte de la distillateur.

4ème. Une quatrième cause de perte provient du ver de l'alambic. Aussi prudent que soit le maintien de la fraîcheur de l'eau environnante, il y a toujours une portion de vapeur non condensée. Ceci est rendu plus sensible en hiver, lorsque le froid de l'atmosphère rend toute vapeur visible; à l'examen, on verra que le courant de liqueur en est entouré. Dans ma description de mon appareil, je donne les moyens d'éviter ce mal.

A ces plusieurs causes, ne pouvons-nous pas en ajouter une autre? La production d'alcool ne peut-elle pas être proportionnelle à la richesse de la liqueur de fermentation? Il est certain que dans chaque fermentation spiritueuse il y a une partie de la matière douce qui reste non décomposée et dans son état originel. Lavoisier a constaté qu'il était de 4,940; c'est-à-dire près de 5 parties sur 100. Il peut en être de même dans une liqueur plus faible; ce qui augmenterait la perte, dans le rapport inverse de la densité de la liqueur. Telles sont les causes auxquelles j'attribue la grande supériorité des produits de Lavoisier; et à partir de ces observations, je pensais pouvoir établir la fabrication du whisky sur de nouveaux principes.

CHAPITRE V: UNE COMPARAISON DES PROCÉDÉS DU BRASSEUR AVEC CEUX DU DISTILLATEUR DE WHISKY.

Des expériences de l'un des chimistes les plus savants d'Europe, il a été démontré que les proportions les plus avantageuses pour la formation d'une bonne liqueur vineuse, sont, une partie de substance douce sèche pour quatre parties d'eau; c'est-à-dire que le sucre doit former un cinquième de l'ensemble. Nous avons d'ailleurs vu que 100 livres. de matière douce sèche a donné 25 gallons d'alcool 19 °, ce qui revient à 4 livres. de sucre par gallon.

Nous utiliserons cette échelle pour comparer les procédés du brasseur avec ceux du distillateur de whisky.

Supposons que le boisseau de grain pèse 50 livres, et qu'il donne 2 gallons de whisky à 19 °, dont chacun est le produit de 4 livres. de sucre; puis la bière forte qui contient dans 40 gallons la matière sucrée de 200lbs. de grain, contient les éléments de 8 gallons d'alcool, ou 32lbs. de substance sucrée sèche; et comme les 40 gallons de cette bière pèsent 320 livres. les 32lbs. de sucre n'en forme qu'un dixième, soit la moitié des proportions de Lavoisier.

Ceux du distillateur de whisky pèsent 100lbs. de grain à 100 gallons d'eau, ou à peu près: 100 lb. de grain contient seulement 16lbs. de matière sèche sucrée: par conséquent, comme les 100 gallons de liqueur vineuse pèsent 800 livres. les 16lbs. de sucre ne forme que sa cinquantième partie.

De là on voit combien les proportions du distillateur de whisky sont inférieures à celles du brasseur, et à quel point elles sont éloignées de la bonne théorie. Mais le brasseur ne vise qu'à produire une sorte de vin, et réussit; tandis que le distillateur veut faire de l'alcool, et ne l'obtient que de la manière la plus chère et opposée à son propre intérêt.

CHAPITRE VI: DÉFAUTS DANS LA MÉTHODE HABITUELLE DE PRÉPARATION DU WHISKY.

1) Le plus blessant de tous pour les intérêts des distillateurs, est sans aucun doute la faiblesse du vineux alcool. Nous avons vu que la proportion d'alcool est en proportion de la richesse de la liqueur de fermentation; que Lavoisier, en mettant un cinquième de la masse de sucre sec, a obtenu deux fois plus d'alcool que le distillateur de rhum, qui en met la même quantité, mais la noie dans l'eau. De ces principes, qui ne sont pas contestés, le distillateur, dont la liqueur vineuse ne contient qu'un cinquantième de matière douce, obtient le moins d'alcool et en perd autant qu'il en reçoit.

2) Un autre défaut s'y joint: les corps se dissolvent en raison de leur affinité avec le principe de dissolution; la substance mucilagineuse est aussi soluble dans l'eau que la substance saccharine. Une masse de 100 gallons d'eau ayant seulement 16 lb. de sucre à dissoudre, exerce son pouvoir dissolvant sur la partie mucilagineuse qui regorge de grains, et en dissout une grande quantité. Il en résulte de ce mélange, une fermentation entre l'esprit et l'acide, et si la température de l'atmosphère est modérée, l'acide envahit l'esprit, qui est l'un de ses principes: il ne reste que du vinaigre, et les espérances du distillateur sont trompés.

Certains distillateurs ont été amenés, par la petitesse de leurs produits, à mettre dans leurs alambics, non seulement le fluide de la liqueur, mais la farine elle-même. D'où deux défauts importants. 1er. La matière solide se précipite au fond de l'alambic, où elle brûle, et donne un très mauvais goût au whisky. Pour remédier à cet inconvénient, il a été imaginé de remuer la farine sans cesse, au moyen d'une chaîne traînée au fond de l'alambic, et mise en mouvement par un axe passant par le capuchon, et tournée par un ouvrier jusqu'à l'ébullition se déroule. Cet axe, pourtant bien adapté au ouverture, laisse un espace vide, et donne une issue aux vapeurs spiritueuses, qui s'échappent avec rapidité, occasionnent ainsi une perte considérable d'esprit.

3). La présence du grain dans l'alambic, transformé en farine, n'est pas autrement indifférente. Il contient une sorte d'huile essentielle, plus ou moins désagréable, selon sa nature; qui distille avec l'esprit. Celui du maïs indien, en particulier, est plus nocif que celui de tout autre grain; et c'est la présence de farine dans les alambics qui fait que les liqueurs obtenues à partir des grains sont tellement inférieures à celles des fruits.

4). Il y a un quatrième défaut, auquel l'humanité frémit, et que les lois devraient réprimer. Les liqueurs vineuses sont plus ou moins accompagnées d'acide acétonique ou de vinaigre; mais ceux qui partent du grain contiennent encore plus de cet acide. Les alambics sont généralement en cuivre nu; l'acide agit sur ce métal et forme avec lui l'*acétate de cuivre*, ou verdigrise, dont une partie passe avec le whisky. Il n'y a pas de distillateur qui, avec un peu d'attention, ne l'ait observé. Je l'ai toujours découvert dans mes nombreuses rectifications, et à la fin de l'opération, quand il ne s'agit plus de l'alambic que de ce qu'on appelle l'huile douce du vin. Une preuve incontestable de cette vérité est que, comme les alambics des dis-

28

tillateurs sont d'une couleur verte dans leur partie intérieure; qu'ils sont corrodés par l'acide et percés d'innombrables petits trous, qui les rendent impropres à l'usage en très peu de temps. Il est facile de concevoir à quel point la présence de verdure doit être blessante pour ceux qui utilisent le whisky comme boisson constante: même ceux qui l'utilisent sobrement avalent un poison lent, destructeur de leur estomac; tandis que pour ceux qui en abusent, il produit une mort rapide, qui être encore la conséquence d'un abus, si la liqueur était pure, mais qu'elle est doublement accélérée par le poison contenu dans le whisky. Il est facile de remédier à un mal si terrible. L'acide acéteux n'a aucune action sur l'étain. En étamant les alambics, la pureté de la liqueur sera augmentée, et les récipients de distillation, déjà si chers, seront plus longtemps conservés. Cette opération doit être renouvelée chaque année. Les vers doivent également être étamés, s'ils sont en cuivre; mais ils sont meilleurs en étain ou en étain le plus pur.

Tels sont les défauts de la méthode actuelle de distillation du whisky. Les ayant exposés, je dois présenter les moyens de perfectionner la fabrication d'une liqueur d'un usage aussi général.

CHAPITRE VII: DESCRIPTION DU PROCESSUS LE PLUS AVANTAGEUX POUR FAIRE DU WHISKY.

Comme il est démontré que l'esprit est le plus abondant en proportion de la richesse de la liqueur vineuse *, il faut donc enrichir celle de la distillerie * qui est si déficiente à cet égard. Une exposition de * mes processus indiquera les moyens que j'emploie pour atteindre * cette fin. Une grande distillerie de whisky devrait être * capable de faire 100 gallons par jour, ou trois barils * faisant au total cette quantité.

Un gallon d'alcool étant le produit de 4 livres * de matière saccharine sèche, nous devons donc avoir 400 livres de cette substance pour les 100 gallons que nous souhaitons obtenir.

Si 1 boisseau de grain donne 2 gallons de whisky, il doit y en avoir 50 pour obtenir un résultat quotidien de 100 gallons. prenez le maïs indien comme base de la fabrication, comme celle de tous les grains qui donnent le plus. Car, d'après ma méthode, quel que soit le grain employé, l'esprit est également pur.

Je divise la maison calme en trois pièces différentes, à savoir:

Une pour l'infusion;

Une pour la fermentation;

Une pour la distillation.

CHAPITRE VII: DESCRIPTION DU PROCESSUS LE PLUS AVANTAGEUX POUR FAIRE DU WHISKY.

CHAPITRE VIII: LA CHAMBRE D'INFUSION.

C'est ici que la liqueur destinée à faire du whisky doit être préparée et suffisamment riche pour procurer une bonne fermentation. A cet effet, il doit y avoir un moulin avec une pierre verticale, déplacé par un cheval, ou tout autre moyen de mouvement. Ces moulins sont trop connus pour que je puisse les décrire plus amplement. Le maïs doit être grossièrement moulu, pour à peine être brisé en trois ou quatre morceaux: par conséquent la pierre ne doit pas être trop lourde, car, en tout cas, le grain ferait mieux d'être trop gros que trop fin. Ce moulin doit être placé dans la salle d'infusion, afin de ne pas le garder sale, ni d'être trop gênant. Il doit broyer, ou plutôt casser, 50 boisseaux par jour.

Il doit y avoir une bouilloire carrée, 4 pieds de large, 5 pieds de long, 1 pied de profondeur. La bouilloire doit être réalisée en feuilles de cuivre d'une épaisseur au moins d'une ligne: le fond, bien que plat, doit présenter une légère houle à l'intérieur, de manière à éviter l'expansion du métal à l'extérieur, sous l'action du feu. Cette bouilloire doit être placée sur une fourrure de brique, de sorte que les parties les plus longues doivent porter vers l'avant, et l'autre contre la cheminée, dont elle doit être séparée par un mur de briques de huit ou neuf pouces. Les côtés, autour desquels il doit y avoir un espace pour marcher librement, doivent être soutenus par un mur d'un mètre et demi de profondeur; la partie antérieure sur un tel mur, au milieu de laquelle est une porte de fer, de quinze pouces carrés, dans un cadre de fer, à travers laquelle le combustible est introduit.

La bouilloire est montée sur le four, de manière à porter sur les quatre murs d'environ 4 pouces, et repose sur un lit d'argile qui ne doit laisser aucun passage à l'action du feu; il est revêtu extérieurement de briques, et doit avoir un tuyau sur un de ses côtés, pour aspirer la liqueur.

Sous la bouilloire, à 15 pouces du bas, se trouve un conduit de chaleur sur toute sa longueur. Il mesure $2\frac{1}{2}$ pieds de large en bas, s'étendant comme un ventilateur en haut, environ 6 pouces de chaque côté, de sorte que la flamme puisse circuler dans toute la largeur de la bouilloire.

Sur la partie antérieure de ce conduit, face à la porte, se trouve un foyer, occupant toute sa largeur et long de 2 pieds. Le reste du conduit de fumée est pavé de briques et s'élève insensiblement de 4 pouces vers la cheminée, dans laquelle il s'ouvre par deux trous de $1\frac{1}{2}$ pouces de large, 8 ou 9 pouces de haut.

Immédiatement sous le foyer, se trouve un trou de purée de 4 pieds de profondeur, occupant toute sa capacité et faisant saillie de 2 pieds en avant. Cette ouverture est nécessaire pour maintenir une libre circulation de l'air, et pour reprendre les cendres. Il doit être recouvert de planches solides, pour ne pas gêner le service de la bouilloire. Le foyer est réalisé avec une grille en fer, plus ou moins étroite, selon la nature du combustible; s'il s'agit de bois, les barres doivent être espacées d'environ deux pouces; si pour le charbon, un demi-pouce suffit. Le four doit être construit avec soin. Les parties les plus exposées au feu doivent être construites avec des briques molles et de l'argile de potier: la pierre de savon serait préférable, si elle est facile à se procurer. La brique séparant la bouilloire et la cheminée, doit être supportée par des barres plates en fer, ainsi que la partie au-dessus de la porte.

CHAPITRE IX: UTILISATION DE LA BOUILLOIRE.

La bouilloire est destinée à faire l'infusion du grain et à le faire bouillir pour le transformer en moût. Par cette opération, j'enrichis la liqueur que je destine à la fermentation, et je l'amène à divers degrés de force.

J'ai mis dans la bouilloire 100 gallons d'eau et 4 boisseaux de maïs, cassés, comme je l'ai déjà dit, au moulin. J'allume un petit feu, que j'augmente progressivement, jusqu'à ce que l'eau commence à bouillir; pendant ce temps, le grain est agité avec une palette. Dès que l'ébullition est établie, le grain est repris avec une grande écumoire, et mis à égoutter dans un grand panier suspendu au-dessus de la bouilloire; et lorsque le grain a été totalement absorbé, le feu est augmenté de manière à porter à nouveau l'eau à ébullition, jusqu'à ce qu'elle soit réduite aux deux cinquièmes, quel degré de concentration n'est pas rigoureux, et le distillateur peut l'augmenter selon son expérience. . Lorsqu'elle est ainsi concentrée, la liqueur est soutirée à travers le tuyau et reçue dans une cuve ou une cuve contenant 130 ou 140 gallons.

100 gallons supplémentaires d'eau sont mis dans la bouilloire, avec 4 boisseaux de maïs; le feu se conduisit lentement, comme auparavant, jusqu'au degré d'ébullition; le maïs est enlevé et la liqueur concentrée dans les mêmes proportions; puis soutiré comme ci-dessus, dans la même cuve.

La même opération est répétée pour la troisième fois; les trois liqueurs réunies sont légèrement remuées et, encore chaudes, transportées dans un des bocaux de fermentation, qu'elle remplit presque.

Comme il doit y avoir quatre de ces marmites remplies quotidiennement, le travail à la marmite doit se poursuivre, sans interruption, jusqu'à ce que cette quantité soit obtenue, ce qui peut être fait en douze heures environ. Le grain égoutté est porté à sécher, soit à l'air libre, soit dans un grenier, et étalé. Une fois sec, c'est un excellent aliment pour le bétail, et hautement préférable à la purée acide et fermentée, habituellement utilisée par les distillateurs pour nourrir le bétail et les porcs: ils mangent le maïs séché de la manière ci-dessus comme s'il n'avait rien perdu de ses qualités primitives et saveur.

CHAPITRE X: LA CHAMBRE DE FER- MENTATION.

La salle destinée à la fermentation doit être fermée, éclairée par deux ou trois fenêtres, et suffisamment grande pour contenir un nombre de bocaux suffisants pour la distillerie. Il peut être déterminé par le nombre de jours nécessaires à la fermentation; 30 ou 40 hogsheads peuvent suffire, chacun de 120 ou 130 gallons.

Au milieu de la pièce doit se trouver un poêle, assez grand pour maintenir une chaleur de 75 ° à 80 °, même en hiver. Un thermomètre placé à une extrémité de la pièce, sert à réguler la chaleur.

Dès que la liqueur est dans le hogshead, la levure, ou principe de fermentation, y est mis, agitée pendant un certain temps, puis laissé à lui-même. Une liqueur aussi riche que celle décrite ci-dessus fermente avec force et parcourt avec rapidité toutes les périodes de fermenta-tion. Il convient de distiller dès que cet état tumultueux s'est calmé et que la liqueur est calme.

Le caractère essentiel de la fermentation spiritueuse, est d'exhaler le gaz carbonique en grande quantité. Ce gaz est mortel pour l'humanité et pour toute la création vi-vante. Trente cailloux de liqueur fermentée produisant une grande partie de ce gaz, il faut en purifier la pièce en ouvrant plusieurs fois par jour deux fenêtres oppo-sées. Ceci est d'autant plus essentiel que l'air pur, ou *oxigène* , contribue à la formation de l'esprit, dont il est l'un des principes constitutifs. Un peu de temps suffit cependant pour renouveler l'air de la pièce.

Il est inutile de remarquer que les baleines doivent être ouvertes à une extrémité et reposer sur des morceaux de bois les élevant à quelques centimètres du sol. Ils doivent rester à découvert pendant la fermentation; et ensuite être recouvert d'un couvercle volant, lorsque la liqueur est calme.

CHAPITRE XI: DE LA SALLE DE DISTILLATION.

Nous avons considéré jusqu'ici la liqueur comme ne contenant que des principes sur lesquels l'air n'a aucune action, et dont il ne peut extraire que quelques vapeurs aqueuses; et, en fait, tous ces principes contenus dans l'alcool sont fixes. L'action du feu peut les concentrer, mais pas les volatiliser.

La liqueur est maintenant changée par la fermentation; il ne contient plus les mêmes principes, mais a acquis ceux qu'il n'avait pas, qui sont volatils et s'évaporent facilement. Ils doivent donc être gérés avec soin, afin de ne pas perdre les fruits d'un travail déjà fastidieux. L'esprit déjà créé dans la liqueur fermentée doit être collecté par la distillation; mais en le transportant à l'alambic, l'action de l'air extérieur doit être soigneusement évitée, car elle provoquerait l'évaporation d'une partie de l'esprit. Une pompe pour vider les hogsheads, et des tuyaux couverts pour conduire l'alcool dans l'alambic, est ce qui a été trouvé pour répondre à cet objectif. Un bon appareil de distillation est sans aucun doute la partie la plus importante d'une distillerie. Il doit réunir solidité, perfection dans ses joints, économie de carburant, rapidité de distillation, à la faculté de concentrer l'esprit. Telles sont les fins que je me suis proposées dans l'appareil suivant.

La forme habituelle des alambics est défectueuse; ils sont trop profonds et ne présentent pas assez de surface pour leur contenu. Ils ont besoin d'un feu violent pour les amener à ébullition; la liqueur au fond brûle avant qu'elle ne soit chaude au sommet.

Mon alambic est fait sur différents principes, et composé de deux pièces, à savoir. la bouilloire et son couvercle. La bouilloire, formant un long carré, est comme la bouilloire d'infusion, déjà décrite, et n'en diffère que par une profondeur d'un pied. Le couvercle a la forme d'un ancien testeur de lit; c'est-à-dire que ses quatre coins s'élèvent en un angle aigu, et viennent supporter un cercle de 16 pouces de diamètre, portant un collier vertical d'environ deux pouces. Ce collier vient au milieu de la bouilloire et est élevé à environ 4 pieds du bas. Le couvercle est tendu à la bouilloire. La collerette reçoit une calotte en étain, à laquelle se joint un tuyau du même métal, dont le diamètre diminue progressivement à un peu moins de 3 pouces: ce tuyau, dont la direction est presque horizontale, mesure 1,50 mètre de long.

Mon alambic ainsi construit est établi sur un four comme celui de la chambre d'infusion. J'observe que les parois latérales ne sont surélevées qu'à la moitié de la hauteur de la bouilloire. Un tuyau vertical est placé du côté opposé à celui en étain, et sert à remplir l'alambic: il est presque à la hauteur de la fixation du couvercle, mais un peu au-dessus. Du même côté, au niveau du fond, se trouve une conduite d'évacuation, traversant le four: cette conduite doit être suffisamment saillante pour aider à recevoir ou à diriger le résidu fluide de la distillation; son diamètre doit être tel qu'il permette une décharge rapide de l'alambic.

DES URNES.

Ce sont des vases en cuivre, ainsi appelés d'après leur ressemblance avec les vases funéraires des anciens. Les miens ont un fond d'environ 18 pouces de diamètre; ils mesurent deux pieds de haut, ont un renflement de 6 pouces près du sommet, puis s'insèrent pour former une ouverture d'environ 8 pouces.

D'un côté, vers le haut, il y a un tuyau en cuivre de 2 pouces de diamètre, faisant saillie extérieurement de 2 ou 3 pouces, et plié en coude: il pénètre dans la partie interne de l'urne, et descend vers le bas, sans le toucher; là, ce n'est qu'une légère courbe et reste ouverte.

La partie externe de ce tuyau est adaptée pour recevoir le tuyau en étain de l'alambic; ils sont faits de manière à entrer les uns dans les autres et doivent s'emboîter exactement. L'ouverture ronde au sommet de l'urne reçoit un bouchon avec un tuyau en étain, fait comme celui de l'alambic. C'est également cinq pieds de long, et sa taille proportionnelle à l'ouverture: celle-ci va et se joint à la seconde urne, comme l'alambic à la première. Le tuyau de ce second va à un troisième, et le tuyau de ce dernier au ver. Les trois urnes portent chacune un petit tuyau d'évacuation vers le bas.

Cet appareil doit être fabriqué avec le plus grand soin. Ni les joints, les différents tuyaux de communication, ni les clouages, ne doivent laisser le moindre passage aux vapeurs. L'ouvrier doit porter la plus grande attention à son travail, et le distillateur doit lutter exactement toutes les parties de l'appareil qui en sont susceptibles: il doit être d'autant plus prudent de le sceller, car cette opération n'est effectuée qu'une fois par semaine, lorsque l'appareil est nettoyé. Au moment de la distillation, le maître ou son contremaître doit soigneusement observer s'il y a un gaspillage de vapeurs et y remédier instantanément. L'alambic et les urnes doivent être bien conservés.

CHAPITRE XII: EFFETS DE CET AP-PAREIL.

Bien que l'alambic puisse contenir 400 gallons, il ne faut y mettre que 200 gallons: le reste restant vide, les vapeurs se développent et montent. Dans cet état, la liqueur vineuse a environ un pied de profondeur, sur une surface de 20 pieds carrés: de là deux avantages: le premier, étant si peu profond qu'il ne nécessite que peu de combustible pour bouillir; la seconde, que l'étendue de la surface donne lieu à une évaporation rapide, ce qui accélère le travail. Cette accélération est telle que six distillations peuvent être obtenues en une journée. L'esprit contenu dans la liqueur vineuse monte en vapeurs jusqu'au couvercle de l'alambic, on y trouve le bouchon et son tuyau, par lequel ils s'échappent dans la première urne, par le tuyau latéral décrit ci-dessus, qui les conduit vers le fond, où ils se condensent aussitôt.

Mais les vapeurs, continuant à entrer dans l'urne, la chauffent progressivement: la liqueur spiritueuse qu'elle contient se remet en vapeurs, s'échappe par le bouchon et le tuyau, et arrive dans la seconde urne, où elle se condense comme dans la première. Ici encore, la même cause produit le même effet: l'affluence de la chaleur attirée par les vapeurs, les porte successivement dans la troisième urne, et de là dans le ver, qui les condense par les effets de l'eau froide dans laquelle elle est immergé.

Les urnes, ne recevant d'autre chaleur que celle que les vapeurs sortant de l'alambic peuvent leur transmettre, élèvent l'esprit; l'eau, au moins la plus grande partie de celle-ci, reste au fond: par conséquent, ce qui coule du ver, c'est l'alcool; c'est-à-dire esprit à 35 °. On comprend aisément comment les vapeurs sortant de l'alambic sont rectifiées dans les urnes, et que trois rectifications successives amènent l'esprit à un haut degré de concentration: il ne diminue que lorsque la liqueur vineuse tire vers la fin de la distillation. Dès qu'il ne donne plus d'alcool, le feu est arrêté, et l'alambic est vidé pour le remplir à nouveau, pour commencer une nouvelle distillation.

Chaque fois que la liqueur vineuse est renouvelée dans l'alambic, l'eau contenue dans les urnes doit être vidangée, à travers les tuyaux d'évacuation au fond.

Les métaux sont les conducteurs du *calorique*. La chaleur accumulée dans l'alambic monte jusqu'au bouchon, d'où elle se jette dans les urnes: avec cette différence - que l'étain, dont sont faits le bouchon et les tuyaux, transmet moins de calorie que le cuivre, parce qu'il est moins dense: et que les corps ne sont chauffés qu'en raison de leur densité.

Cependant, une grande quantité de chaleur est encore transmise au ver et chauffe l'eau dans laquelle il est immergé. Je diminue cet inconvénient en mettant une pipe en bois entre le ver et la pipe de la troisième urne. Le bois étant un mauvais conducteur de calorique, produit une *solution de continuité*, ou d'interruption entre les métaux. Le bois de cette pipe doit être tendre et poreux, et ne pas pouvoir travailler sous l'action du feu: cependant, pour éviter son éclatement, je l'enveloppe dans deux ou trois doubles de bon papier, bien collé et séché lentement. Ce tuyau a un pied de long et est creusé dans sa longueur, de manière à recevoir le tuyau d'étain de la troisième urne à une extrémité, et à entrer dans le ver à l'autre; ainsi le ver n'est pas aussi chaud, puisqu'il ne reçoit que la chaleur des vapeurs qu'il condense.

Malgré toutes ces précautions, il chauffe l'eau dans laquelle il est immergé après un certain temps; et quel que soit le soin qu'on puisse prendre pour le renouveler, toutes les vapeurs ne se condensent pas, et cela occasionne une perte d'esprit. J'évite cet accident, en ajoutant un deuxième ver au premier: ils communiquent au moyen d'une pipe en bois comme ci-dessus. L'effet de ce second ver, un peu plus petit que le premier, est tel, que l'eau dans laquelle il est plongé reste froide, tandis que celle du premier doit être renouvelée très souvent. Par ces moyens, aucune partie des vapeurs n'échappe à la condensation. La liqueur s'écoulant du ver est reçue dans un petit tonneau, en veillant à ne pas la perdre au contact de l'air produ

CHAPITRE XIII: DES FERMENTS.

Ils sont de deux types; les corps très putrescents et ceux fournis par l' *oxigène* . Les substances animales sont du premier type: les *acides* , les sels neutres, les huiles rances et les *oxydes* métalliques sont du second.

Si je devais utiliser un ferment de première classe, je choisirais la partie glutineuse de la farine de blé. Cette substance végéto-animale se forme de la manière suivante: - Une certaine quantité de farine est transformée en une pâte solide, avec un peu d'eau. Il est ensuite pris entre les mains, et de l'eau est lentement versé dessus, pendant qu'il est à nouveau pétri. L'eau est blanche, car elle emporte la partie féculente de la farine; il est clair après avoir été suffisamment lavé. Il reste entre les mains de l'opérateur une pâte compacte, solide, élastique et réduite à près de la moitié de la farine employée. Cette pâte, un peu diluée avec de l'eau, et maintenue à la température indiquée pour la chambre de fermentation, passe à l'état putride et contracte l'odeur de viande avariée. Quatre livres de cette pâte par hogshead, me paraissent suffisants pour établir une bonne fermentation. Une petite quantité de bon vinaigre répondrait au même objectif, et est un ferment de seconde classe.

Mais ces moyens sont-ils indispensables à mon processus? Je ne pense pas.

1). La richesse de ma liqueur vineuse et le degré de chaleur auquel je la garde tendent fortement à la faire fermenter. En effet, l'infusion du grain, en lui prélevant sa partie saccharine, prend également une partie de sa substance mucilagineuse, qui est le principe de la fermentation spiritueuse, qu'elle établit chaque fois qu'elle rencontre l'autre substance.

2) Les bœufs eux-mêmes sont bientôt imprégnés d'un principe de fermentation et le communiquent à la liqueur qui y est mise.

3) Le distillateur de rhum utilise avantageusement le résidu de sa distillation précédente, pour donner une fermentation à sa nouvelle mélasse: ce résidu a en lui assez d'acidité pour cela. Le résidu de la distillation de ma liqueur vineuse n'aurait-il pas la même acidité? Il ne contient que la substance mucilagineuse déjà acidulée. Quelques gallons de ce résidu dans chaque hogshead seraient, je pense, un très bon ferment.

Enfin. Voici un autre moyen qui réussira certainement: c'est de laisser au fond de chaque bœuf trois ou quatre pouces de liqueur vineuse, transportée dans l'alambic pour distillation. Cette levée, qui deviendra rapidement aigre, formera un ferment suffisant pour établir une bonne fermentation.

Le gérant intelligent d'une distillerie doit conduire les moyens que j'indique, vers la fin qu'il se propose, et doit soigneusement éviter d'employer comme ferments, ces substances dégoûtantes qui ne peuvent manquer de discréditer la liqueur dans laquelle elles sont connues. être employé.

CHAPITRE XIV: DE L'ARÉOMÈTRE OU DE LA BOUTEILLE DE PREUVE.

Cet instrument est indispensable au distillateur: il vérifie la valeur de ses esprits, car il montre le résultat de leurs différents degrés de concentration. Je vais donner la théorie de cet instrument utile, car il peut être acceptable pour ceux qui ne le connaissent pas.

Les corps coulent dans les fluides, dans un *rapport composé* au volume et à la densité de ces fluides qu'ils déplacent. C'est à partir de cette loi de la nature, qu'un navire coule de 20 pieds dans l'eau douce, alors qu'il ne coule qu'environ 18 pieds dans l'eau de mer, qui a plus de densité à cause du sel dissous.

L'inverse de cet effet se produit dans les fluides plus légers que l'eau, car les corps qui y flottent s'enfoncent d'autant plus, car la liqueur a moins de densité. Sur la base de ces principes, on fait deux sortes d'aréomètres: l'un pour les fluides plus denses que l'eau; l'autre pour ceux qui sont plus légers: les premiers sont appelés *résistants au sel* ; la deuxième *preuve d'esprit* . L'eau distillée est à la base de ces deux échelles: elle est en haut pour l' *épreuve* du *sel* , et en bas pour l' *épreuve* de l' *alcool* ; parce que le premier est ascendant et l'autre décroissant; mais par une singularité inutile, l'eau distillée a été graduée à 10 ° pour le flacon étanche à l'alcool, et à 0 pour l' *épreuve saline* . Nous ne nous attarderons que sur le premier, car c'est le seul intéressant pour le distillateur.

L'eau étant graduée à 10 ° dans l'aréomètre, il résulte de là que l'esprit allant à 20 °, n'est en réalité que 10 ° plus léger que l'eau; et l'alcool gradué à 35 °, n'est qu'à 25 ° au-dessus de l'eau distillée.

L'aréomètre ne peut être juste que lorsque l'atmosphère est tempérée; c'est-à-dire à 55 ° Fahrenheit ou 10 ° Réaumur. Les variations de froid ou de chaleur influencent les liqueurs; ils acquièrent de la densité dans le froid, et la perdent dans la chaleur: de là vient que l'aréomètre ne coule assez en hiver et coule trop en été.

Les naturalistes ont observé cette variation et l'ont régulée. Ils ont constaté que 1 ° de chaleur au-dessus de la température tempérée, d'après l'échelle de Réaumur, fait descendre l'aréomètre de 1/8 de degré de plus; et que 1 ° de moins de chaleur, avait l'effet contraire: ainsi la chaleur étant à 18 ° de Réaumur, l'esprit marquant 21 ° par l'aréomètre, n'est en réalité qu'à 20 °. Le froid étant à 8 ° au-dessous de la température tempérée, l'esprit ne marquant que 19 ° par l'aréomètre, est en réalité à 20 °. 2¼ de Fahrenheit correspondant à 1 ° de Réaumur, occasionnent de même une variation de 1/8 de degré: ainsi, la chaleur étant à 78½ °, l'esprit marquant ainsi 21 °, n'est qu'à 20; et le froid étant à 87 °, l'esprit ne marquant que 19 ° par l'aréomètre, est en réalité à 20 °.

On conçoit aisément que le froid extrême ou la chaleur extrême occasionnent des variations importantes. Pour cette raison, il y a en Europe des inspecteurs, dont le devoir est de peser les spiritueux, en particulier le *brandy* : pour cela, ils utilisent l'aréomètre et le thermomètre. Un aréomètre, pour être bon, doit être prouvé avec de l'eau distillée, à la température de 55 °. Les aréomètres, en verre, sont cassants et doivent être utilisés avec beaucoup de précaution. On pourrait remédier à cet inconvénient en les fabriquant en argent; J'ai vu plusieurs de ce métal. Un bon orfèvre pourrait facilement les fabriquer; J'invite ces artistes à s'occuper de cette branche d'activité; il pourrait devenir précieux, car les distillateurs seront plus éclairés.

CHAPITRE XV: AVANTAGES DE MA MÉTHODE.

Le premier de tous, est dérivé de la composition d'une liqueur vineuse, plus riche, et plus propre à provoquer une fermentation vigoureuse, que celle qui est obtenue par la méthode habituelle. Or, comme il est prouvé que la quantité d'alcool est proportionnelle à la richesse de la liqueur de fermentation, la mienne donne donc beaucoup plus d'alcool que tout autre.

2dly. Nous avons vu qu'une chaleur de 75 ° ou 80 ° doit être maintenue dans la cuverie: cette chaleur estivale prouve qu'une liqueur vineuse aussi riche ne risque pas de passer à l'état acide avec autant de rapidité que celle du vin. distillateurs communs; et, par conséquent, que celui qui suivra ma méthode puisse travailler toute l'année sans craindre de perdre les fruits de son travail, comme cela arrive souvent, avantage précieux pour celui qui en fait son unique affaire. Le seul changement qu'il ait à faire est de supprimer la chaleur du poêle, lorsque la température de l'atmosphère est suffisante pour maintenir une bonne fermentation dans la liqueur.

Quant à mon appareil de distillation, ce n'est pas une idée nouvelle. Je le présente au public sous la sanction de l'expérience. Je l'ai fait exécuter à Philadelphie il y a huit ans, après avoir obtenu un brevet. Il a été fabriqué pour une distillerie de rhum, où ils continuent de l'utiliser. Il présente les plus grands avantages.

La première, c'est qu'avec un seul feu et un seul ou-vrier, je distille et rectifie l'esprit trois fois, et l'amène au degré d'alcool; c'est-à-dire à la plus grande pureté et presque au plus haut degré de concentration.

Deuxièmement, il réduit les frais de transport de deux tiers; car un gallon à 35 ° représente trois gallons au degré habituel. Le commerçant, arrivé au lieu de destination, n'a plus qu'à ajouter 2 gallons d'eau à 1 gallon de cet alcool, pour avoir 3 gallons de whisky; ce qui présente un avantage considérable, que ce soit pour le transport terrestre ou maritime.

Troisièmement, comme le prix des spiritueux est, dans le commerce, en proportion de leur degré de concentration, ceux fabriqués avec mon appareil étant à un très haut degré, n'ont plus besoin d'être rectifiés, ni pour le détaillant, ni pour l'apothicaire, ni pour le peintre; et les dépenses considérables de cette opération tournent entièrement au profit du distillateur, puisqu'elles sont totalement supprimées. Les distillateurs peuvent désormais vendre des spiritueux de tous degrés de concentration.

Tels sont les avantages de mes procédés. Je les offre d'autant plus volontiers au public qu'ils sont fondés sur les principes les plus reconnus de la philosophie naturelle: en y réfléchissant, les distillateurs en seront facilement convaincus.

Aussi parfaite que puisse être la description d'une chose nouvelle, nos idées sur celle-ci sont toujours défectueuses, jusqu'à ce que nous l'ayons vue mise en pratique. Peu d'hommes ont les moyens d'établir une distillerie sur un nouveau plan, et même les plus éclairés peuvent faire des erreurs notables. Rares sont d'ailleurs ceux qui sont assez audacieux pour entreprendre, à leurs risques et périls, le procès d'une nouvelle fabrication: ils ont peur de perdre et d'être blâmés d'avoir trop légèrement cédé à la persuasion de nouveaux projecteurs. Il s'ensuit qu'une découverte utile tombe dans l'oubli, au lieu de faire du bien.

Mais aucune découverte d'utilité générale ne doit connaître ce sort dans une république. Le gouvernement lui-même doit promouvoir la première entreprise, ou un certain nombre de citoyens doivent adhérer pour lui donner un départ. C'est d'autant plus facile dans ce cas que mon appareil nécessite très peu de frais.

Si une distillerie selon mes instructions était établie dans quelques-unes des principales villes de l'État, ma méthode ferait alors des progrès rapides et prouverait ainsi la véracité du principe que j'ai avancé; et les distillateurs, après avoir médité sur ma méthode dans ce livre, viendraient se satisfaire de sa bonté, en la voyant mise en pratique, et en donnant les résultats les plus parfaits, avec tous les avantages pour le commerce que l'on puisse attendre: d'où il en résulte naturellement l'augmentation rapide de la distillation, et par conséquent celle de l'agriculture et du commerce.

CHAPITRE XVI: L'ART DE FABRIQUER LE GIN, APRÈS LE PROCESSUS DES DISTILLERS HOLLANDAIS.

Après avoir indiqué les moyens les plus appropriés pour obtenir des spiritueux, je vais maintenant proposer au public la manière de fabriquer le *Gin* , selon les méthodes utilisées par les distillateurs en Hollande. Elle peut être mieux jointe à l'art de la fabrication du whisky, car elle n'ajoute qu'au prix de la liqueur, celui des baies de genièvre, dont le produit remboursera amplement son prix. De nombreux distillateurs aux États-Unis ont tenté d'imiter l'excellente liqueur de Hollande, sous le nom de *gin* . Ils ont imaginé différentes manières de procéder et sont plus ou moins arrivés à leur fin. Je l'ai moi-même essayé et ma méthode est consignée dans un brevet.

Mais ces imitations sont loin du degré de perfection du gin Holland: elles veulent cette unité de goût, qui est le résultat d'une seule création; ce sont visiblement des composés, plus ou moins bien combinés, et non le résultat d'une production spontanée.

A ce défaut capital, qui rend ces imitations si différentes de leur origine, se joint leur prix élevé, qui empêche sa consommation générale. En fait, il est fait à un coût considérable: le whisky doit être acheté, rectifié et distillé à nouveau avec les baies. Ces dépenses sont augmentées par le gaspillage de spiritueux occasionné par ces distillations réitérées. Cela porte le prix de ce faux gin à trois fois celui du whisky: par conséquent, les personnes les plus pauvres, dont le nombre est toujours considérable, sont privées des avantages d'une liqueur saine et se limitent au whisky, ce qui n'est généralement pas le cas.

Les méthodes utilisées en Hollande ont réduit le gin au prix le plus bas; celui des baies de genièvre y étant très insignifiant, et n'augmentant que peu le prix du whisky: encore ce petit ajout est presque réduit à rien, comme on le verra plus loin.

Les États-Unis sont, dans certaines régions, presque couverts de l'arbre appelé ici *cèdre* ; quel arbre n'est autre que le genévrier, et pousse presque partout, et porte annuellement une baie, qui est en réalité la baie de genièvre. Certains Hollandais le savaient à Boston, en recueillaient des quantités considérables dans le Massachusetts, et l'expédiaient dans certains des ports de l'est, le vendaient comme venant de Hollande. J'en ai vu à Philadelphie il y a dix ans, chez un Hollander, qui le recevait du Massachusetts dans des fûts d'environ dix cents poids, et vendu comme produit de son propre pays, ce qui était vraiment celui des États-Unis.

J'ai ramassé moi-même une grande quantité de ces baies à Norfolk, Virginie, au moyen de nègres, auxquels j'ai payé un dollar par boisseau de 40 livres. étant 2½ cts. par livre. Il y a deux ans, il se vendait 6 cents à Philadelphie et portait le même prix à Pittsburgh.

Il y a beaucoup de cèdre dans le Kentucky, et par conséquent de baies. Je les ai vus à Blue Licks, et ils abondent près de la rivière Kentucky.

Bien qu'un nombre incroyable de ces arbres soit abattu chaque jour, il y en a encore un plus grand nombre sur pied aux États-Unis; et des millions de boisseaux de baies sont perdus chaque année, alors qu'il ne faut que des mains habiles, pour les rendre utiles à l'humanité. La baie de genièvre a de nombreuses propriétés médicales: c'est un délicieux aromatique, et contient une huile essentielle, et un extrait doux, qui par la fermentation donne une liqueur vineuse, transformée en une sorte de vin dans certains pays; cela s'appelle du vin pour les pauvres: il renforce l'estomac, lorsqu'il est affaibli par une mauvaise alimentation ou un travail trop dur.

Les Hollandais, qui ont depuis longtemps l'art de faire le commerce de tout, ont constamment mis leur pauvreté à profit. Ils ont d'immenses fabrications de gin et presque pas de genévriers. Ils ne récoltent la baie que dans les pays où elle est négligée car inutile, comme en France et au Tyrol, qui en produisent beaucoup. Les États-Unis n'ont pas besoin de recourir à l'Europe pour obtenir les baies de genièvre: ils ont en abondance chez eux, ce que les Hollandais ne peuvent se procurer qu'avec peine et argent. Ils peuvent donc les rivaliser avec un grand avantage; mais ils doivent suivre les mêmes méthodes employées dans les distilleries hollandaises.

La baie de genièvre contient l'extrait muqueux doux, en grande proportion: elle a donc le principe nécessaire à la fermentation spiritueuse; et, en effet, il fermente spontanément. Lorsqu'il est frais et entassé, il acquiert un degré de chaleur, mais pas assez pour brûler, comme je l'ai constaté: il est donc transporté en toute sécurité dans des bocages. De cette facilité de fermentation, il doit être considéré comme un bon ferment, et comme augmentant la quantité de spiritueux, lorsqu'il est joint à une liqueur fermentescible.

Un distillateur peut à loisir convertir son whisky en gin. Il lui suffit de parfumer le moût qu'il met en fermentation, en ajoutant une certaine quantité de baies légèrement cassées: la fermentation est alors commune aux deux; leur douce mucosité enrichit celle du moût et augmente l'esprit, tandis qu'en même temps l'extrait savonneux, qui est le principe proche de la végétation, donne l'huile essentielle qui parfume la liqueur.[3]

La fermentation étant commune aux deux substances, les unit intimement; et quand, par la distillation, l'esprit est séparé de l'eau, il reste une liqueur homogène, issue d'une seule création, et ayant cette unité de goût, et toutes les propriétés du gin Holland, parce qu'obtenue par les mêmes moyens.

Une seule et même distillation peut donc céder au distillateur soit du gin, soit du whisky, car elle ne demande plus de travail, et sa conversion en gin ne coûte que le prix des baies, ce qui le rembourse amplement, soit par l'esprit qu'elle produit, soit par son huile essentielle, qui, flottant à la surface, peut être facilement collectée. Cette huile porte un grand prix, et les Hollandais en vendent une grande partie.

---

[3] Je dois ici observer que la baie de genièvre, ainsi que plusieurs autres fruits, contient deux sortes d'huile essentielle: l'une est le principe proche de la végétation, et l'autre est l'huile surabondante: la première est combinée avec l'extrait savonneux, et se dissout dans l'eau; tandis que le second ne s'unit pas à lui et flotte à la surface.

Nous avons vu, dans le dixième chapitre de cet ouvrage, que mes cuves pour la fermentation, contiennent environ 120 gallons de moût, soit la production de l'extrait de saccharine de 12 boisseaux de grain. Le distillateur intelligent déterminera lui-même la quantité de baies nécessaire à chaque hogshead pour avoir un bon parfum. Il peut commencer avec 10 livres par hogshead; et jugera, au procès, si cette quantité est suffisante ou doit être augmentée. En tout cas, l'économie ne doit pas être consultée dans l'utilisation des baies, car leur prix n'augmente pas celui du whisky. Ce prix bas doit naturellement devenir le principe d'une immense fabrication de gin; et dorénavant ce sera un article d'exportation important pour les Etats-Unis, ainsi qu'un objet considérable et sain de consommation intérieure.

www.ingramcontent.com/pod-product-compliance
Lightning Source LLC
LaVergne TN
LVHW050620200726